体育院校民族传统体育专业太极拳选修课程教材

周之华◎丛书主编　　杨静◎编著

冠军教你太极拳

中央编译出版社
Central Compilation & Translation Press

图书在版编目（CIP）数据

冠军教你太极拳/杨静编著.
—北京：中央编译出版社，2013.6
ISBN 978-7-5117-1646-0

Ⅰ.①冠…
Ⅱ.①杨…
Ⅲ.①太极拳－基本知识
Ⅳ.①G852.11

中国版本图书馆CIP数据核字（2013）第075784号

冠军教你太极拳

出 版 人	刘明清
责任编辑	王丽芳
责任印制	尹　珺
出版发行	中央编译出版社
地　　址	北京西城区车公庄大街乙5号鸿儒大厦B座（100044）
电　　话	（010）52612345（总编室）　（010）52612349（编辑室）
	（010）66161011（团购部）　（010）52612332（网络销售）
	（010）66130345（发行部）　（010）66509618（读者服务部）
网　　址	www.cctphome.com
经　　销	全国新华书店
印　　刷	北京国邦印刷有限责任公司
开　　本	787*1092
字　　数	15千字
印　　张	7.5
版　　次	2013年6月第1版第1次印刷
定　　价	56.00元

本社常年法律顾问：北京市吴栾赵阎律师事务所律师　闫军　梁勤
凡有印装质量问题，本社负责调换，电话：（010）66509618

前言
preface

　　伴随着我国民族传统体育专业的创建与发展，我在高校的武术教学工作已悄然走过十五个春夏秋冬，迎来送往一届又一届的莘莘学子，内心充满感慨和对未来的憧憬。感慨光阴荏苒，岁月如梭，民族传统专业不断地成熟与发展，培养出许多优秀的人才，在不同的领域和岗位上为民族传统体育的发展做出贡献；憧憬着本学科在学科建设上百尺竿头，更进一步。

　　武术套路是民族传统体育专业中重要内容之一，而太极拳又是武术项目中的重中之重，这是因为太极拳本身所具有的独特魅力，吸引着国内外众多的爱好者投入其中，目前已是发展规模最大、普及程度最高、参与人数最多的运动项目。

　　对太极拳未来的发展来说，培养高水平的太极拳专业人才是符合专业需求和就业需求的大事。本书从太极拳基本动作入手，循序渐进、由浅入深，结合本人多年的训练、比赛和教学经验将太极拳的练习方法、要点、注意事项一一呈现，使读者能够科学、合理地掌握太极拳的内容。本书在内容上注重以下三个方面内容：

　　一、以拳理为基础，掌握正确的练习方法

　　对于读者来讲，练习太极拳应先重形而后求意，从调整身形入手，也就是我们在教学中所说的"塑型阶段"。学习者可通过静态定势动作来调整身形，做到虚领顶劲，含胸拔背，沉肩坠肘，松腰敛臀。根据每个动作的要求，衡量上下是否协调，内外是否相合，左右是否对称，前后是否顺达，使动作达到中正安舒，不偏不倚。所谓"中正"即太极拳《十三势歌诀》中说的"尾闾中正神贯顶，满身轻利顶头悬"。

　　二、以合理性为标准，把握动作的尺度

　　在练拳的过程中，学习者可在动态动作过程中求其动作的合理性。如身法、手法和步法。做到内三合（即心与意合、意与气合和气与力合），外三合（即肩与跨合、肘与膝合和手与足合）。动作要先求开展，后求紧凑。此外，练拳时身体重心不要过低，太极拳架势可分为高中低三个高度，练习者可根据自己的情况量力而行，切勿盲目模仿，以免造成膝关节疼痛，上体僵滞，呼吸不畅等问题。特别需强调的是，太极拳理论中有"重意不重气之说"，因此，练习者不要刻意追求呼吸。太极拳《十三势行功心解》中讲：全身意在精神，不在气，在气则滞。又讲："气以直养而无害，劲以曲蓄而有余。"

三、以修养为目标，遵循循序渐进的原则

太极拳的习练精专并非是一日之功，学习者应遵循循序渐进的学习规律，由浅入深、由简到繁，由塑型到求意，最终达到形神兼备、内外兼修、神形共养、物我一体的境界。在太极拳的练习中，定势为功，动势为法。因此习练者在初级阶段易从定势入手，单式练习，逐步过渡到连贯练习、套路演练，而功与法的作用也会在练习中相辅相成。

"祥推用意终何在，延年益寿不老功。"这是前人对太极拳修炼功效的高度总结和提示。一代太极拳宗师杨禹廷先生对练习太极拳的好处是这样概括的：调节精神，使之心平气和；调节肢体、脏腑、气血，使之阴阳调和；调节性情，虚己从人，与人和睦，进而与社会、自然和谐相处。的确，太极拳所包含的阴阳、动静、刚柔、急缓、张弛、起伏等等这些既对立又统一的哲学思想不仅是拳理也是生活之道，让我们的身心得到平衡的同时也有利于社会的安定与和谐。这正是太极拳独特的魅力与价值。

目录 contents

第一章 太极拳基本动作练习

一、基本手型、步型	001
1. 手型	001
2. 步型	002

二、太极桩法 ... 004
1. 无极桩（静桩） ... 004
2. 起落桩（动桩） ... 004
3. 抱球桩（静桩） ... 005
4. 琵琶桩（动桩） ... 006

三、太极步法 ... 006
1. 进步 ... 006
2. 撤步 ... 009
3. 侧行步 ... 010

四、组合练习 ... 012
1. 左右抱球 ... 012
2. 左右揽雀尾 ... 013
3. 云手 ... 018

五、行进组合练习 ... 020
1. 白鹤亮翅接左右搂膝拗步 ... 020
2. 抱球式接左右玉女穿梭 ... 023
3. 左右捋挤式 ... 026

第二章　24式太极拳

一、24式太极拳简介	029
二、24式太极拳动作名称	029
三、24式太极拳套路学习	030

第一段

1. 起势 030
2. 左右野马分鬃 031
3. 白鹤亮翅 032
4. 左右搂膝拗步 033
5. 手挥琵琶 035

第二段

6. 左右倒卷肱 036
7. 左揽雀尾 038
8. 右揽雀尾 040
9. 单鞭 043

第三段

10. 云手 044
11. 单鞭 045
12. 高探马 046
13. 右蹬脚 047
14. 双峰贯耳 048

第四段

15. 转身左蹬脚 049
16. 左下势独立 050
17. 右下势独立 051
18. 左右穿梭 052

19. 海底针 054
20. 闪通背 054
21. 转身搬拦捶 055
22. 如封似闭 056
23. 十字手 057
24. 收势 058

第三章 42式太极拳竞赛套路

一、42式太极拳竞赛套路简介 059

二、42式太极拳竞赛套路动作名称 059

三、42式太极拳竞赛套路学习 060

第一段

1. 起势 060
2. 右揽雀尾 061
3. 左单鞭 064
4. 提手 065
5. 白鹤亮翅 065
6. 搂膝拗步 066
7. 撇身捶 068
8. 捋挤势 069
9. 进步搬拦捶 071
10. 如封似闭 072

第二段

11. 开合手 073
12. 右单鞭 074
13. 肘底捶 074
14. 转身推掌 076
15. 玉女穿梭 078
16. 左右蹬脚 082
17. 掩手肱捶 084
18. 野马分鬃 086

🔵 **第三段**

19. 云手 088
20. 独立打虎 090
21. 右分脚 091
22. 双峰贯耳 092
23. 左分脚 093
24. 转身拍脚 093
25. 进步栽捶 094
26. 斜飞势 096
27. 单鞭下势 097
28. 金鸡独立 097
29. 退步穿掌 098

🔵 **第四段**

30. 虚步压掌 099
31. 独立托掌 099
32. 马步靠 100
33. 转身大捋 100
34. 歇步擒打 101
35. 穿掌下势 102
36. 上步七星 104
37. 退步跨虎 104
38. 转身摆莲 105
39. 弯弓射虎 106
40. 左揽雀尾 107
41. 十字手 110
42. 收势 112

第一章

太极拳基本动作练习

一、基本手型、步型

太极拳所包含的手型、步型很多，可以说不同流派的太极拳对其手型、步型的要求不尽相同。

1. 手型

拳：太极拳的拳型为"四平拳"，即：五指卷曲自然握成拳型，拇指位于食指和中指第二指节上，拳面、拳背、拳眼、拳轮四面都要平行，任何关节不能凸出拳面。杨、陈、孙、吴式太极拳对拳型的要求差别不多。（见图1）

【图2 掌型】

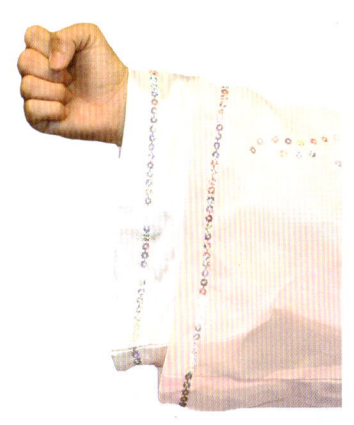

【图1 拳型】

掌：杨、孙、吴式太极拳的掌型基本一致，要求五指舒松展开，掌心内侧劳宫穴微向里凹，俗称"荷叶掌"。（见图2）

001

勾：太极拳的勾手俗称"鹰嘴钩"，即：五指第一关节指肚的位置收拢在一起，腕屈，勾尖朝下。初学者可先使大、中、食指捏拢，无名指和小指向内贴紧。（见图3）

陈式太极拳的勾手要求拇指和食指尖捏拢，虎口呈圆形，屈腕，余指自然屈拢，俗称"圆勾"。（见图4）

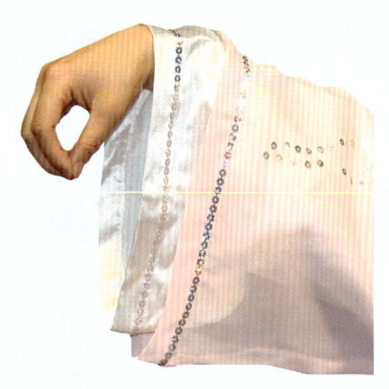 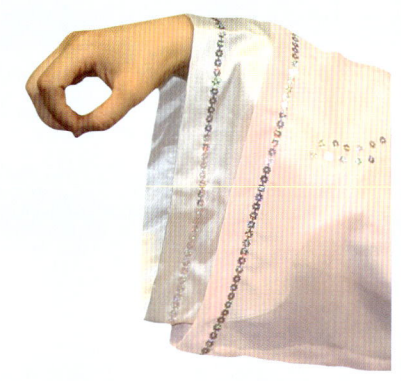

【图3 鹰嘴钩】　　　　　　　　　　【图4 圆勾】

2. 步型

弓步：左腿或右腿在前，后腿膝关节自然蹬直成弓步，两脚间的横向距离保持30厘米左右，上身保持中正。（见图5）

【图6 仆步】

仆步：左腿或右腿全蹲，另一侧腿自然伸直，脚尖内扣，脚外侧不能翻起，上身保持中正。（见图6）

【图5 弓步】

第一章　太极拳基本动作练习

虚步：左腿或右腿半蹲，另一侧腿，膝关节微屈，脚尖点地，上身保持中正。（见图7）

丁步：古称"寒鸡步"。太极拳的丁步姿势较高，也可称作"高丁步"。支撑腿微屈，另一腿靠近支撑腿的内侧脚尖点地。（见图8）

开步：两脚开立，与肩同宽，上身保持中正。（见图9）

【图7　虚步】

【图8　丁步】

【图9　开步】

二、太极桩法

目的：调身、调息、调心。调身，就是通过站桩调整身体姿势，做到虚领顶劲、沉肩坠肘、含胸拔背、松腰敛臀；调息，就是调整呼吸，做到深均自然，内外相和；调心，就是入静，让喧嚣的心安静下来，排除杂念，逐步做到神舒体静，刻刻在心。

内容：五种桩法，从一至五连贯练习，静止桩可站1～2分钟；动桩可重复3～5次。

1. 无极桩（静桩）

（1）方法：双脚并拢，双膝自然伸直，双臂自然下垂贴于大腿两侧；身体保持中正安舒。（见图1）

（2）要求：呼吸自然均匀。可微闭双目，慢慢静下心来，内固精神，外示安逸。

2. 起落桩（动桩）

（1）方法：重心微右移，左脚由脚跟、脚掌过渡到脚尖慢慢抬起向左侧开步，与右脚平行与肩同宽，由脚尖、脚掌过渡到脚跟慢慢落下，重心移回到两脚之间；双臂慢慢平举与肩同高、同宽，手心向下，目视前方；曲膝略下蹲，同时双手缓缓下落至腹前；慢慢起身站直同时双手上起与肩同高。此动作可周而复始反复做3～5次。〔见图2（a）（b）（c）〕

【图1 无极桩】

（a）

第一章　太极拳基本动作练习

（b）

（c）

【图2　起落桩】

（2）要求：自然呼吸，上吸下呼。意念在两手劳宫穴的位置并与之上下浮动。

3. 抱球桩（静桩）

（1）方法：接上势。双手按于腹前，指尖向前，掌心向下；同时双膝微屈，圆裆坐髋，尾闾中正；双手内旋，掌心向内在腹前抱球，双目微下垂看指尖位置。（见图3）

（2）要求：自然呼吸。意念在两手劳宫穴的位置。

【图3　抱球桩】

005

4. 琵琶桩（动桩）

（1）方法：右势——双手向下经腹前向体侧分开，同时身体重心移向右侧，左脚抬起向左前方由脚跟落下，脚尖抬起，膝微屈，同时双手在胸前合抱成琵琶状，右掌心对左肘内侧，目视前方。〔见图4（a）〕

左势——左脚收回到原位，双手向下经腹前向体侧分开，同时身体重心移向左侧，右脚抬起向右前方由脚跟落下，脚尖向上，膝微屈，同时双手在胸前合抱成琵琶状，左掌心对右肘内侧，目视前方。〔见图4（b）〕

（2）要求：自然呼吸，随动作开吸合呼。意念左势随左手，右势随右手。

（a）　　　　　（b）

【图4 琵琶桩】

三、太极步法

目的：增强腿部力量，改善身体平衡协调能力。

太极拳的步法被俗称为"猫步"，是取猫迈步轻灵之意。对于初学者来说，"猫步"的练习可能会比较枯燥，但这却是练好太极拳的捷径之一，因为在一套太极拳里面，几乎每个动作都与步法有关。太极步法主要有进步、撤步、侧行步三种。

1. 进步

（1）方法：身体自然站立，两脚呈"八"字形，脚跟相靠；双手向上收于腰侧，屈膝半蹲，身体重心移至右腿，左脚慢慢抬起经右脚踝关节内侧向正前方迈出，脚跟落地后随重心前移慢慢踏实，后腿自然蹬直成弓步，身体保持中正，目视前方；重心后坐，左脚尖抬起外摆45°，重心前移收右脚，经左踝关节内侧向前迈出，脚跟落地，脚跟落地后随重心前移慢慢踏实，后腿自然蹬直成弓步，身体保持中正，目视前方，右侧与左侧动作相同。如此反复5~8次。〔见图1（a）（b）（c）（d）（e）（f）（g）（h）〕

第一章　太极拳基本动作练习

（a）　　　　　　　　　　　　　（b）

（c）　　　　　　　　　　　　　（d）

(e)  (f)

(g)  (h)

【图1 进步】

（2）要求：身体重心转换要平稳，步法起落要轻灵，身体不要前仰后合。弓步时先是脚跟着地，然后脚掌慢慢踏实，脚尖向前，膝盖不要超过脚尖；后腿自然伸直；前后脚夹角约成45°～60°（需要时后脚脚跟可以后蹬调整）。前后脚的脚跟要分在中轴线两侧，它们之间的横向距离（即以动作进行的中线为纵轴，其两侧的垂直距离为横向）应该保持在10～30厘米。

2. 撤步

（1）方法：屈膝半蹲，身体重心移至左腿，右脚慢慢抬起向后自然落步，脚掌先着地，随重心后移慢慢落实；左脚由脚跟抬起慢慢向后自然落步，脚掌先着地，随重心后移慢慢落实；左屈膝半蹲，身体重心移至右脚尖由脚掌为轴调正，脚尖向前，身体中正，目视前方，如此反复5～8次。〔见图2（a）（b）（c）（d）〕

（2）要求：身体重心转换要平稳，步法起落要轻灵，身体不要前俯后仰。

（a）

（b）

【图2 撤步】

（c） （d）

【图2 撤步】

3. 侧行步

（1）方法：双脚并拢，双膝自然伸直，双臂自然下垂贴于大腿两侧；身体保持中正安舒。屈膝半蹲，身体重心移至右腿，左脚慢慢抬起向体侧迈步，略比肩宽，脚掌着地，脚尖向前，随重心后移慢慢落实；将重心移至左腿收右脚，脚掌落地，与左脚间有一拳距离，脚尖向前，身体中正，目视前方，如此反复5～8次。〔见图3（a）（b）（c）（d）（e）（f）〕

（2）要求：身体重心转换要平稳，步法起落要轻灵，身体不要左右摇摆。

（a） （b）

第一章　太极拳基本动作练习

（c）　　　　　　　　　　　　　　（d）

（e）　　　【图3　侧行步】　　　（f）

四、组合练习

任何体育项目都有自己运动的规律,太极拳看似动作繁多,招式复杂,连绵不断,其实也有规律可循。太极拳下肢动作以步法为主,上肢重复动作较多,因此可以针对主要动作做重复性练习,以求达到良好的练习效果。

1. 左右抱球

(1)方法:上体微向右转,身体重心微移至右腿,身体向右转45°;同时右臂收在胸前平屈,手心向下,左手经体前向右下划弧至右手下,手心向上,两手心相对成抱球状。

身体左转至左前方45°,身体重心偏左侧,左右手随身体重心移动转换位置,左手上右手下两手心相对成抱球状。

左抱球与右势相同,方向相反,可反复练习4~8次。〔见图1(a)(b)〕

(2)要求:两肩下沉,两肘松垂,手指自然微屈。屈膝松腰,臀部不可凸出,身体重心落于两腿中间。两臂下落和身体下蹲的动作要协调一致。

(a)

(b)

【图1 左右抱球】

2. 左右揽雀尾

左揽雀尾

（1）方法：上体微向左转，左右手随转体慢慢分别向左上、右下分开，左手掤于胸前，肘微屈；右手落在右胯旁，肘也微屈，手心向下，指尖向前；眼看左手。

身体微向左转，左手随即前伸翻掌向下，右手翻掌向上，经腹前向上，向前伸至左前臂下方；然后两手下捋，即上体向右转，两手经腹前向右后上方划弧，直至右手手心向上，高与肩齐，左臂平屈于胸前，手心向后。

上体微向左转，右臂屈肘折回，右手附于左手腕里侧，双手同时向前慢慢挤出，左手心向后，右手心向前，左前臂保持半圆。

左手翻掌，手心向下，右手经左腕上方向前、向右伸出，高与左手齐，手心向下，两手左右分开，宽与肩同；两手向前、向上按出，掌心向前，眼看前方。

（2）要求：抱球时要如手中有物，不可过大或过小，应如抱篮球状；随着左右抱球身体重心要随招式变化。

右揽雀尾：接左抱球

（1）方法：上体微向右转，左右手随转体慢慢分别向右上、左下分开，右手掤于胸前，肘微屈；左手落在左胯旁，肘也微屈，手心向下，指尖向前；眼看右手。

身体微向右转，右手随即前伸翻掌向下，左手翻掌向上，经腹前向上，向前伸至右前臂下方；然后两手下捋，即上体向左转，两手经腹前向左后上方划弧，直至左手手心向上，高与肩齐，右臂平屈于胸前，手心向后。 上体微向右转，左臂屈肘折回，左手附于左手腕里侧，双手同时向前慢慢挤出，右手心向后，左手心向前，左前臂保持半圆。

右手翻转，手心向下，左手经左腕上方向前、向左伸出，高与右手齐，手心向下，两手左右分开，宽与肩同；两手向前、向上按出，掌心向前，眼看前方。〔见图2（a）（b）（c）（d）（e）（f）（g）（h）（i）（j）（k）（l）（m）（n）（o）（p）（q）（r）〕

（2）要求：掤式前臂平圆，拇指上竖，虎口撑圆；捋式上体不可前倾，两臂下捋须随腰旋转，走弧线；挤式上体要中正，手臂勿过直；按式两手掌心向前，腕部高与肩平，两肘微屈。

（a 掤）

（b 捋）

（c 捋）

（d 捋）

第一章　太极拳基本动作练习

（e 挤）

（f 挤）

（g 按）

（h 按）

015

（i 按）

（j 掤）

（k 捋）

（l 捋）

第一章 太极拳基本动作练习

（m 捋）　　　　　　　　　（n 挤）

（o 挤）　　　　　　　　　（p 按）

冠军教你 太极拳

（q 挤）　　　　　　　　　（r 挤）

【图2 左右揽雀尾】

3. 云手

（1）方法：左手经腹前向右上划弧至右肩前，手心斜向后，同时右手掌心向外；上体慢慢左转，身体重心随之逐渐左移；左手由脸前向左侧运转，手心渐渐转向左方；右手由右下经腹前向左上划弧至左肩膀前，手心斜向后，眼看左手；上体再向右转，同时左手经腹前向右划弧至右肩前，手心斜面向后，眼看右手；右手右侧运转，手心翻转向右；眼看左手。如此反复练习8～10次。〔见图3（a）（b）（c）（d）（e）〕

（2）要求：身体转动要以腰脊为轴，松腰、松胯，不可忽高忽低。两臂随腰的转动而运转，要自然圆活，速度要缓慢均匀。眼的视线随左右手而移动。

（a）

第一章 太极拳基本动作练习

(b) （c）

(d) 【图3 云手】 (e)

五、行进组合练习

太极拳是全身性的运动，手、眼、身、法、步样样不能少，进、退、盼、顾、定，势势相连。《太极论》所云："其根在脚，发于腿，主宰于腰，形于手指。"上下结合的练法不仅巩固了上肢动作，也增进了下肢的稳定性，使动作由生涩逐渐变为流畅，由机械逐渐趋于圆活，由生硬间断逐渐达到行云流水，连绵不断的境界，这对我们身体的协调性起到了很好的锻炼效果，这个环节很重要哦。具体来看看练习步骤。

1. 白鹤亮翅接左右搂膝拗步

（1）白鹤亮翅〔见图1（a）（b）〕

（2）右搂膝拗步

方法：右手自右额斜上方体前下落，身体右转45°，右掌向斜后方托掌，同时左掌向上划弧摆至右肘内侧，同时左脚收于右脚内侧点地，右手屈肘至耳侧，左手下沉至右侧腹前，同时出左步，左手搂膝至左胯旁，右手自耳侧向前推掌。〔见图2（a）（b）（c）（d）〕

（a） （b）

【图1 白鹤亮翅】

第一章 太极拳基本动作练习

（a）

（b）

（c）

（d）

【图2 右搂膝拗步】

（3）左搂膝拗步

方法：身体重心后坐，左脚尖外摆45°，左掌向左斜后方托掌，同时右掌向上划弧摆至左肘内侧，同时右脚收于左脚内侧点地，左手屈肘至耳侧，右手下沉至右侧腹前，同时出右步，右手搂膝至右胯旁，左手自耳侧向前推掌。如此反复练习6～10次。〔见图3（a）（b）（c）〕

要求：上体不可前俯后仰，要立身中正；身体转动时要以腰为轴，注意上下协调练习。

（a）

（b）

（c）

【图3 左搂膝拗步】

2. 抱球式接左右玉女穿梭

（1）抱球式（见图4）

（2）左玉女穿梭

方法：身体重心后坐，右手旋臂落于体前，右脚尖抬起内扣35°，右手附于左手内侧，出左步同时双手挤出，收右步，脚尖收于左脚内侧，脚尖点地，转腰云掌；同时出左步，左手自左额上方旋臂上架；右手从胸前推掌向前，右腿蹬成弓步，眼看前方。〔见图5（a）（b）（c）〕

【图4 抱球式】

（a）

（b）

（c）

【图5 左玉女穿梭】

（3）右玉女穿梭

方法：上体右转，左手附于右手内侧，出右步同时双手挤出，收左步，脚尖收于右脚内侧，脚尖点地，转腰云掌；同时出右步，右手自右额上方旋臂上架；左手从胸前推掌向前，左腿蹬成弓步，眼看前方。〔见图6（a）（b）（c）（d）（e）〕

要求：下肢步法与动作要协调配合，身体重心要虚实分明，此式动作较为复杂，需反复多练。

（a）

（b）

第一章 太极拳基本动作练习

(c)

(d)

(e)

【图6 右玉女穿梭】

3. 左右捋挤式

方法：身体重心移至右腿上，身体渐向右转，左脚尖里扣，右手经左臂上方向右穿出，左手手心向上位于右臂肘关节内侧偏下方，双手下捋，同时收右脚，悬靠于左脚踝关节内侧，右脚继续向右斜前方出步，同时双手合于胸前并向前挤出。身体重心移至左腿上，身体渐向左转，右脚尖里扣，左手经右臂上方向左穿出，右手手心向上位于左臂肘关节内侧偏下方，双手下捋，同时收左脚，悬靠于右脚踝关节内侧，左脚继续向左斜前方出步，同时双手合于胸前并向前挤出。
〔见图7（a）（b）（c）（d）（e）（f）（g）（h）（i）〕

要求：下肢步法与动作要协调配合，身体重心要虚实分明，需反复多练。

（a）

（b）

（c）

第一章　太极拳基本动作练习

（d）

（e）

（f）

（g）

 冠军教你 太极拳

(h)

(i)

【图7 左右捋挤式】

第二章

24式太极拳

一、24式太极拳简介

太极拳是武术传统内家拳之一，主要有陈、杨、武、孙、吴五个流派。24式太极拳也称简化太极拳，是国家体委（现为国家体育总局）于1956年组织太极拳专家汲取杨氏太极拳之精华编写而成。整套动作舒展大方、动静有致、结构合理、简单易学，是适合初学者学习太极拳的初级套路。

二、24式太极拳动作名称

第一段	第二段	
1. 起势	6. 左右倒卷肱	
2. 左右野马分鬃	7. 左揽雀尾	
3. 白鹤亮翅	8. 右揽雀尾	
4. 左右搂膝拗步	9. 单鞭	
5. 手挥琵琶		

第三段	第四段	
10. 云手	15. 转身左蹬脚	20. 闪通臂
11. 单鞭	16. 左下势独立	21. 转身搬拦捶
12. 高探马	17. 右下势独立	22. 如封似闭
13. 右蹬脚	18. 左右穿梭	23. 十字手
14. 双峰贯耳	19. 海底针	24. 收势

三、24式太极拳套路学习

预备式（见图1）

并脚直立　两臂下垂
手指微屈　虚领顶劲
下颏微收　舌抵上腭
双眼平视　全身放松

1. 起势

左脚开立，两臂前掤，屈膝下採（见图2）

【图1 预备式】

（a）

（b）

（c）

【图2 起势】

2. 左右野马分鬃

左野马分鬃：稍左转体，收脚抱球，转体上步，弓步分手（见图3、图4）

（a）　　　　　　　　　　　（b）
【图3 左野马分鬃】

右野马分鬃：后坐撇脚，收脚抱球，转体上步，弓步分手
左野马分鬃：与图3相同。

（a）　　【图4 右野马分鬃】　　（b）

3. 白鹤亮翅

稍右转体,跟步抱球,后坐转体,虚步分手(见图5)

(a)

(b)

(c)

【图5 白鹤亮翅】

4. 左右搂膝拗步

左搂膝拗步：转体，摆臂，摆臂收脚，上步屈肘，弓步搂推（见图6）

【图6 左搂膝拗步】

右搂膝拗步：后坐撇脚，摆臂收脚，上步屈肘，弓步搂推（见图7）
左搂膝拗步：与右势相同，方向相反。

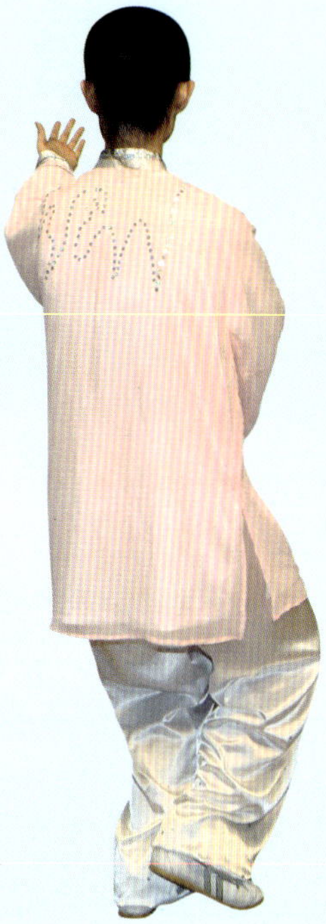

（a）

（b）

（c）

【图7 右搂膝拗步】

5. 手挥琵琶

跟步展臂，后坐引手，虚步合手（见图8）

（a）

（b）

【图8 手挥琵琶】

6. 左右倒卷肱

右倒卷肱：稍右转体，撤步托掌，退步卷肱，虚步推掌（见图9）

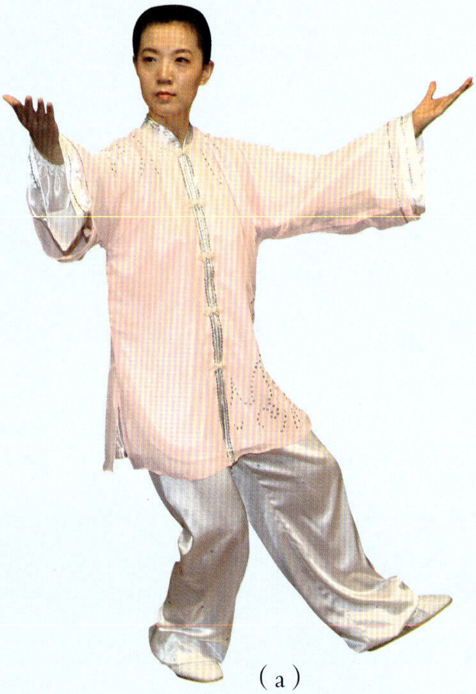

（a）

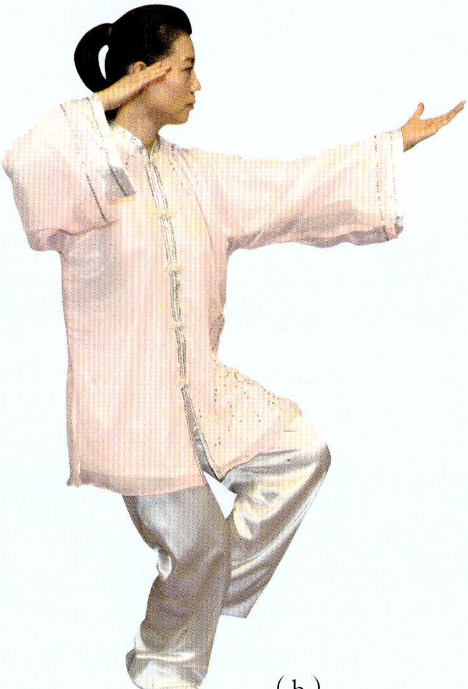

（b）

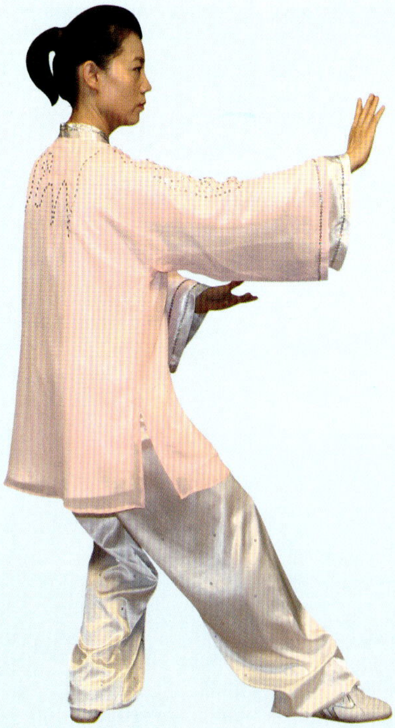

（c）

【图9 右倒卷肱】

左倒卷肱：稍左转体，撒手托球，退步卷肱，虚步推掌（见图10）
再继续做右倒卷肱，左倒卷肱各一个。

【图10 左倒卷肱】

冠军教你太极拳

7. 左揽雀尾

转体撤手，收脚抱球，转体上步，弓步掤臂，摆臂后捋，转体，搭手，弓步前挤，转腕分手，后坐引手，弓步前按（见图11）

（a） 　　　　　　　　（b）

（c） 　　　　　　　　（d）

（e） （f）

（g） 【图11 左揽雀尾】 （h）

8. 右揽雀尾

后坐扣脚,收脚抱球,转体上步,弓步掤臂,摆臂,后捋,转体,搭手,弓步前挤,转腕分手,后坐引手,弓步前按(见图12)

(a)

(b)

(c)

(d)

第二章　24式太极拳

(e)　　　　　　　　　　　　　　(f)

(g)　　　　　　　　　　　　　　(h)

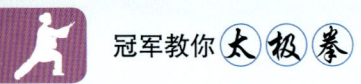

(i) 　　　　　　　　（j）

(k) 　　　　　　　　（l）

【图12 右揽雀尾】

9. 单鞭

转体运臂，右脚内扣，上体右转，勾手收脚，转体上步，弓步推掌（见图13）

（a） （b）

（c） 【图13 单鞭】 （d）

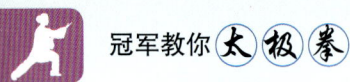

10. 云手

后坐扣脚,转体松勾,并步,云手,开步云手(连续3个)(见图14)

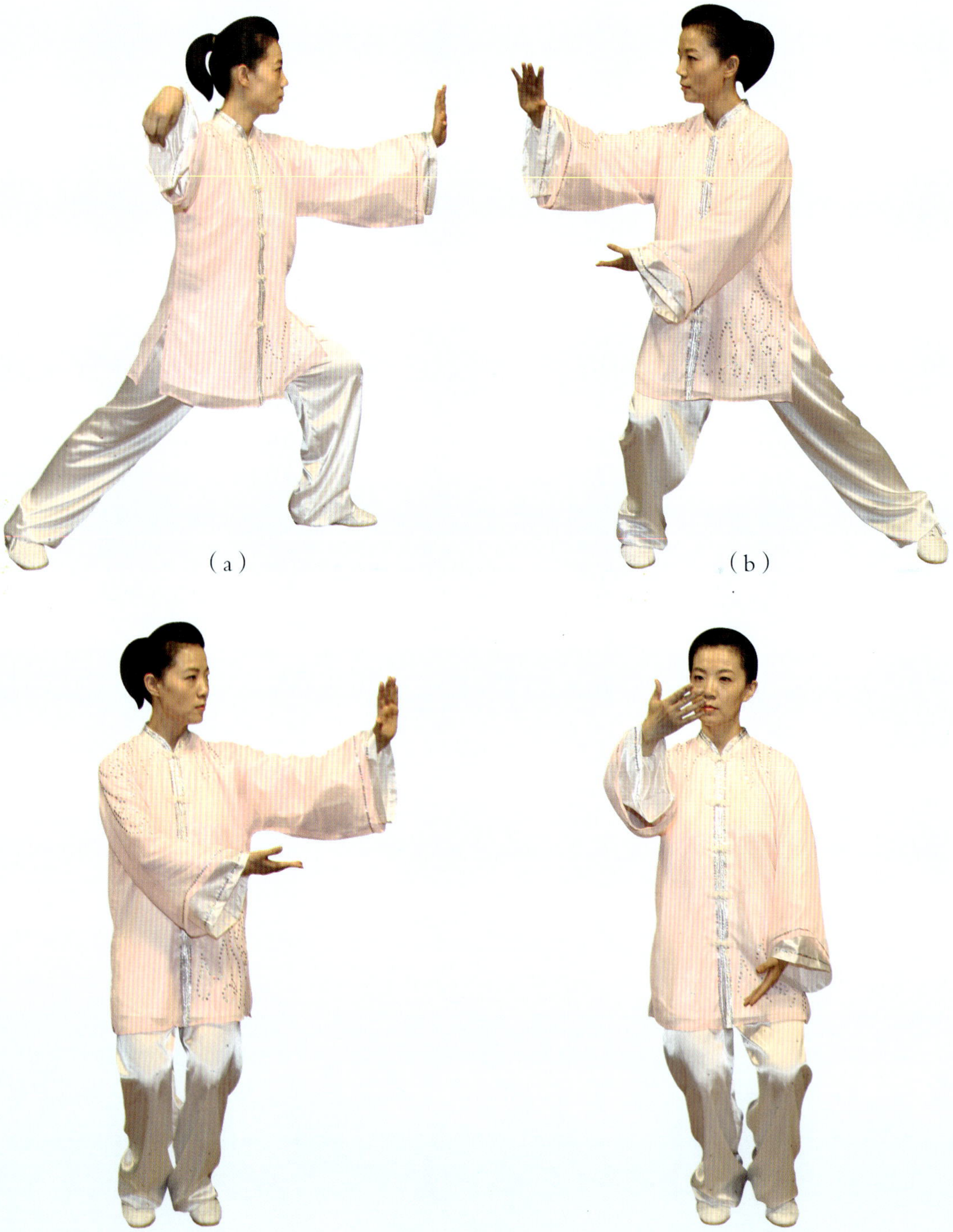

(a) (b)

(c) 【图14 云手】 (d)

11. 单鞭

转体勾手,转体上步,弓步塌掌(见图15)

(a)

(b)

(c)

【图15 单鞭】

12. 高探马

跟步托掌,后坐卷肱,虚步推掌(见图16)

(a)

(b)

(c)

【图16 高探马】

13. 右蹬脚

穿手上步,分手弓腿,收脚合抱,蹬脚分手(见图17)

(a) (b) (c) 【图17 右蹬脚】 (d)

14. 双峰贯耳

屈膝合手，上步握拳，弓步贯拳（见图18）

（a）

（b）

（c）

【图18 双峰贯耳】

第四段

15. 转身左蹬脚

后坐扣脚，转体分手，收脚合抱，蹬脚分手（见图19）

（a）

（b）

（c）

【图19 转身左蹬脚】

16. 左下势独立

收脚勾手，屈蹲撤步，仆步穿掌，弓腿起身，独立挑掌（见图20）

（a）

（b）

（c）

【图20 左下势独立】

（d）

17. 右下势独立

落脚勾手，碾脚转身，屈蹲撤步，仆步穿掌，弓腿起身，独立挑掌（见图21）

【图21 右下势独立】

18. 左右穿梭

右穿梭：落脚抱球，转体上步，弓步架推（见图22）

（a）　　　　　　　　　　　（b）

（c）　　　【图22 右穿梭】　　　（d）

第二章　24式太极拳

左穿梭：后坐撇脚，收脚抱球，转体上步，弓步架推（见图23）

（a）

（b）

（c）

【图23　左穿梭】

19. 海底针

跟步提手,虚步插掌(见图24)

(a)　　【图24 海底针】　　(b)

20. 闪通背

提手收脚,弓步推掌(见图25)

(a)　　【图25 闪通背】　　(b)

21. 转身搬拦捶

后坐扣脚，坐腿握拳，摆步搬拳，转体收拳，上步拦掌，弓步打拳（见图26）

（a）　　　　　　　　　　　　（b）

（c）　【图26 转身搬拦捶】　（d）

22. 如封似闭

穿手翻掌,后坐引手,弓步前按(见图27)

(a)

(b)

(c)

【图27 如封似闭】

23. 十字手

后坐扣脚，弓步分手，交叉搭手，收脚合抱（见图28）

（a）

（b）

【图28 十字手】

24. 收势

双手採按,并步还原(见图29)

(a)

(b)

【图29 收势】

第三章

42式太极拳竞赛套路

一、42式太极拳竞赛套路简介

42式太极拳是以杨式太极拳动作为主体，吸收了陈、吴、孙式太极拳的动作风格，融四种流派为一身综合太极拳竞赛套路。整套动作充分表现出太极拳的刚柔相济、动静相兼、圆活自然、随屈就伸的特点。

二、42式太极拳竞赛套路动作名称

第一段		第二段	
1. 起势	2. 右揽雀尾	11. 开合手	12. 右单鞭
3. 左单鞭	4. 提手	13. 肘底捶	14. 转身推掌
5. 白鹤亮翅	6. 搂膝拗步	15. 玉女穿梭	16. 右左蹬脚
7. 撇身捶	8. 捋挤势	17. 掩手肱捶	18. 野马分鬃
9. 进步搬拦捶	10. 如封似闭		
第三段		第四段	
19. 云手	20. 独立打虎	30. 虚步压掌	31. 独立托掌
21. 右分脚	22. 双峰贯耳	32. 马步靠	33. 转身大捋
23. 左分脚	24. 转身拍脚	34. 歇步擒打	35. 穿掌下势
25. 进步栽捶	26. 斜飞势	36. 上步七星	37. 退步跨虎
27. 单鞭下势	28. 金鸡独立	38. 转身摆莲	39. 弯弓射虎
29. 退步穿掌		40. 左揽雀尾	41. 十字手
		42. 收势	

三、42式太极拳竞赛套路学习

第一段

预备式

1. 起势

1. 并脚站立：身体保持自然直立，两脚并拢；两手轻贴大腿侧，头颈端正，胸腹舒松，精神集中，呼吸自然，眼视前方。（见图1）

2. 左脚开立：左脚向左轻轻开步，与肩同宽，脚尖朝前；两手慢慢向前平举，与肩同高，与肩同宽，手心向下。（见图2）

3. 屈膝按掌：上体正直，两腿缓缓屈膝半蹲；两掌下按，落于腹前，掌膝相对。（见图3）

【图1 并脚站立】

（a） （b）
【图2 左脚开立】

【图3 屈膝按掌】

2. 右揽雀尾

1. 丁步抱球：重心左移，身体右转，右脚外撇；右臂屈抬，手心向下，左手翻转向右划弧至右腹前，手心向上，两手相对如抱球状；重心右移，左脚收回右脚内侧；眼视右手。（见图4）

（a） （b）

【图4 丁步抱球】

2. 弓步掤臂：上体左转，左脚上步，重心前移成左弓步；左手前掤，与肩同高，手心向内，右手下按，落于胯旁，手心向下，两臂微屈；眼视左臂。（见图5）

【图5 弓步掤臂】

3．丁步抱球：上体微左转，右脚收至左脚内侧；左手翻下右手翻上，两手成抱球状；眼视左掌。（见图6）

4．弓步掤臂：上体右转，右脚向右迈出一步，脚跟着地，重心前移成右弓步；右臂前掤与肩同高，左臂下按，落于左胯旁；眼视右臂。（见图7）

【图6 丁步抱球】

（a）

（b）

【图7 弓步掤臂】

5. 两掌前伸：右掌前伸，掌心向下，左掌同时翻转前送。（见图8）
6. 后坐下捋：重心后移；两掌向下后捋至腹前。（见图9）

【图8 两掌前伸】　　　　　　　　【图9 后坐下捋】

7. 转体搭手：右臂屈肘横于胸前，掌心向内，左臂搭于右腕内侧，掌心向外。（见图10）
8. 弓步前挤：重心前移成右弓步；两手同时向前挤出，两臂撑圆；眼视前方。（见图11）

【图10 转体搭手】　　　　　　　　【图11 弓步前挤】

9．扣脚旋掌：重心左移，上体右转，右脚上跷；右臂屈肘平划弧至右肩前，左手随右腕划弧。（见图12）

10．丁步按掌：右脚内扣落地，上体微右转，重心右移，左脚收回，脚尖着地成丁步；右掌向右立掌按出，掌心向外，左掌附于右腕内侧；眼视右掌。（见图13）

【图12 扣脚旋掌】

【图13 丁步按掌】

【图14 左单鞭】

3．左单鞭

上体左转，左脚向左迈一步，脚跟着地，重心前移成左弓步；右掌变勾，左掌经面前翻转向前推出，掌心向前；眼视左掌。（见图14）

4. 提手

1. 扣脚摆掌：重心右移，上体右转，左脚内扣；左掌向右平摆划弧。（见图15）

2. 虚步合提：重心左移；右勾变掌，两手微提，上体右转，右脚提转，脚跟着地，脚尖上跷，成右虚步；两手相合，左掌合于右肘内侧；眼视右掌。（见图16）

【图15 扣脚摆掌】

【图16 虚步合提】

5. 白鹤亮翅

1. 转身抱球：上体左转，右脚稍后撤，脚尖内扣；两手向左下方划弧，同时插抱，左上右下。（见图17）

【图17 转身抱球】

2．转腰带掌：重心后移，上体右转；两手合转。（见图18）

3．虚步分掌：上体左转，左脚稍内收，脚尖点地成左虚步；右掌上提，左掌下按，两臂成弧形；眼视前方。（见图19）

【图18 转腰带掌】

【图19 虚步分掌】

6．搂膝拗步

1．转体划弧：上体左转；右手随之向左向下划弧至头前下落。（见图20）

【图20 转体划弧】

2. 收脚托掌：上体右转，右手向后划弧至右前方，左手向右划弧至右肋旁；左脚收回。（见图21）

【图21 收脚托掌】

3. 弓步搂推：上体左转，左脚上步，脚跟着地，重心前移，成左弓步；左手搂膝，右手推出；眼视右掌。撇脚转体：重心右移，左脚外撇，上体左转，右手随之向左划弧，摆至左肋旁，左手向左上划弧，举至左前方。（见图22）

【图22 弓步搂推】

4. 收脚托掌：同前收脚托掌，惟左右相反。（见图23）

5. 弓步搂推：同前弓步搂推，惟左右相反。（见图24）

【图23 收脚托掌】

（a）

（b）

【图24 弓步搂推】

7. 撇身捶

转身分掌、收脚挂拳、弓步撇拳：重心后移，右脚外撇，上体右转；左手前伸，右手向后。左脚收回；左手握拳，落于腹前，右手向前划弧，附于左臂内侧。

上体微左转，左脚上步，脚跟着地，重心前移，成左弓步；左拳经面前撇打，拳心斜向上，右手附于左臂内侧；眼视左拳。（见图25）

【图25 撇身捶】

8. 捋挤势

1. 扣脚变掌、转体抹掌：重心稍后移，左脚尖内扣，上体右转；左拳变掌，右掌向右划一平弧，收于左臂内侧。重心前移，成左弓步；右掌平抹划弧穿出，掌心向下，左掌落于右肘内下，掌心向上。（见图26）

2. 收脚捋掌、上步搭手：两掌后捋，右掌至腹前，左掌至胯旁，右脚收回。

右脚向右前方上步，脚跟着地；同时两臂交叉，收于胸前，掌心相对。（见图27）

3. 弓步前挤：重心前移，成右弓步；两臂挤出，右掌心向内，左掌贴于右腕内侧，掌心向外；眼视右掌。（见图28）

【图26 扣脚变掌、转体抹掌】

【图27 收脚捋掌、上步搭手】

【图28 弓步前挤】

4. 扣脚开掌：重心后移，右脚尖内扣，上体左转；右掌翻转向上，左掌划弧从右前臂上穿出。（见图29）

5. 转体抹掌：同前转体抹掌，与右势相反。（见图30）

收脚捋掌：同前收脚捋掌，与右势相反。

上步搭手：同前上步搭手，与右势相反。

6. 弓步前挤：同前弓步前挤，与右势相反。（见图31）

【图29 扣脚开掌】

【图30 转体抹掌】

【图31 弓步前挤】

9. 进步搬拦捶

1. 后坐分掌：重心后移，左脚外撇，上体左转；左掌向下划弧，右掌前伸。（见图32）

2. 收脚按掌、上步搬拳：重心前移，右脚收回；右手变拳向下划弧收于腹前，拳心向下；左掌划弧收于体前，掌心向下。右脚上步，脚跟着地，脚尖外撇；右拳经左臂内侧翻转搬出，左掌下按右胯旁。（见图33）

3. 转身拦掌：重心前移，上体右转；左脚向前上一步，脚跟落地，右拳向右划弧收至腰间，左掌向左向前划弧至体前。（见图34）

【图32 后坐分掌】

【图33 收脚按掌、上步搬拳】

【图34 转身拦掌】

4．弓步打捶：重心前移，成左弓步；右拳打出，左掌收于右臂内侧；眼视右拳。（见图35）

10．如封似闭

1．穿手翻掌：左掌从右前臂下穿出，掌心向上，右拳随之变掌，掌心也转向上。（见图36）

2．后坐收掌：上体后坐，重心后移，左脚尖上跷；两臂后引，两掌收至腹前。（见图37）

【图35 弓步打捶】

【图36 穿手翻掌】

【图37 后坐收掌】

3．跟步按推：重心前移，右脚上半步成右丁步，脚尖点地，两脚相距约10厘米；两手前按，与肩同宽，掌心向前；眼视两掌。（见图38）

11. 开合手

1．转体开掌：以左脚跟和右脚掌为轴，右转90°，仍成丁步；两掌翻转掌心相对，屈收胸前，与肩同宽。（见图39）

2．提踵合掌：重心移向左腿，右脚跟提起；同时两掌相合，与头同宽，掌心相对；眼视两掌中间。（见图40）

【图38 跟步按推】

【图39 转体开掌】

【图40 提踵合掌】

12. 右单鞭

1. 开步转掌：右脚向右横开一步，脚跟着地；两臂内旋，两掌虎口相对，掌心向外。（见图41）

2. 弓步分掌：重心右移，成右侧弓步（横裆步）；两掌分开，平举身体两侧，掌心向外，眼视左掌。（见图42）

【图41 开步转掌】

【图42 弓步分掌】

13. 肘底捶

1. 收脚抱球：重心左移；左臂向左、向下划弧；右臂向内掩裹划弧至右肩前，重心右移，上体右转，左脚收回；两手翻转，掌心两对，两手合抱，右上左下。（见图43）

（a）

（b）

【图43 收脚抱球】

2．上步分掌：左转上步，脚跟着地；左掌向前划弧，掌心向内，右手下落至右胯旁。（见图44）

3．跟步摆掌：重心前移，右脚跟半步，脚掌落地；左手收腰，右手向前。（见图45）

4．虚步握拳：重心后移，左脚进步，脚跟着地，成左虚步；左手经右腕上劈出立掌，右掌握拳，收于左肘下方；眼视左掌。（见图46）

【图44 上步分掌】

【图45 跟步摆掌】

【图46 虚步握拳】

14. 转身推掌

1. 撤步穿掌：左脚撤至右脚后，脚掌着地；右拳变掌上举，左掌翻转下落胸前。（见图47）

2. 转体屈肘、上步搂掌：以右脚跟、左脚掌为轴，左转90°，重心仍在右腿；左掌下落，右掌屈收。左脚向前偏左上步，脚跟着地；右掌屈收至右耳侧，左掌向左划弧。（见图48）

3. 跟步推掌：重心前移，右脚跟上，脚掌着地，成右丁步；左掌搂膝，按于左胯旁，右手推出，掌心向前；眼视右掌。（见图49）

【图47 撤步穿掌】

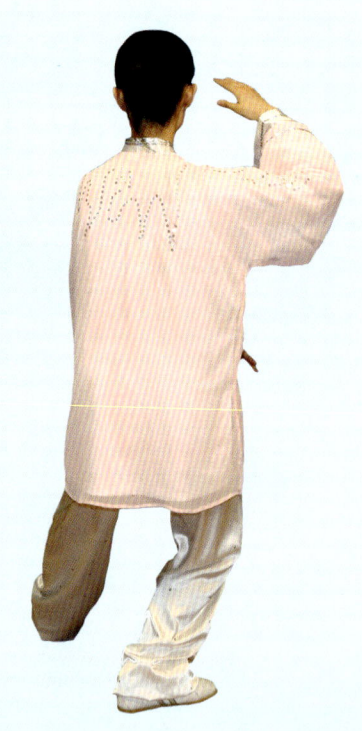

【图48 转体屈肘、上步搂掌】

【图49 跟步推掌】

4．转体屈肘：同前转体屈肘，唯左右相反。（见图50）

5．上步搂掌：同前上步搂掌，唯左右相反。（见图51）

6．跟步推掌：同前跟步推掌，唯左右相反。（见图52）

【图50 转体屈肘】

【图51 上步搂掌】

【图52 跟步推掌】

15. 玉女穿梭

1. 撤步抹掌：上体右转，左脚向左撤半步；左臂向右划弧，右掌经左臂上前伸。（见图53）

2. 收脚捋掌：上体左转，重心左移，右脚收回，脚尖点地；两手后捋。（见图54）

【图53 撤步抹掌】

【图54 收脚捋掌】

【图55 上步掤臂】

3. 上步掤臂：右脚上步，脚跟着地；两手相搭，右掌心向内，左掌附于右腕内侧，掌心向外。（见图55）

4. 跟步云掌：重心前移，上体右转，左脚跟在右脚后方，脚掌着地；右掌自左向前划平弧，左掌随之转动。（见图56）

【图56 跟步云掌】

5．弓步架推：重心后移，右脚上步，脚跟着地；右掌向右向后划平弧至头前；重心前移，成右弓步；身体右转，右掌上架，掌心向上，左掌经腰际向前推出，掌心向前；眼视左掌。（见图57）

（a）　　【图57 弓步架推】　　（b）

6．后坐云掌：重心后移，右脚内扣，上体左转；右臂翻转向下，掌心向上，左掌向右划弧收于右肘内侧。（见图58）

【图58 后坐云掌】

7．弓步抹掌：重心前移，右脚落实，上体左转；左掌平抹穿出右掌，右掌收于左肘下方。（见图59）

8．收脚捋掌：同前收脚捋掌，唯左右相反。（见图60）

9．上步掤臂：同前上步掤臂，唯左右相反。（见图61）

【图59 弓步抹掌】

【图60 收脚捋掌】

【图61 上步掤臂】

10. 跟步云掌：同前跟步云掌，唯左右相反。（见图62）

11. 弓步架推：同前弓步架推，唯左右相反。（见图63）

【图62 跟步云掌】

（a）

（b）

【图63 弓步架推】

16. 左右蹬脚

1. 后坐云掌：重心右移，左脚内扣，上体右转；左掌翻转落于身体前，右掌收于左肘内侧。（见图64）

2. 转体分掌：重心前移，上体左转；右掌穿左掌向前，左掌向下收于左腰侧。（见图65）

3. 收脚合掌：上体右转，右脚收回；右掌向下，左掌向上同时划弧，两掌交叉合抱胸前，右掌在外，掌心均向内。（见图66）

【图64 后坐云掌】

【图65 转体分掌】

【图66 收脚合掌】

4．蹬脚分掌：左腿站稳，右脚蹬出，脚尖上勾，偏右方约30°；两掌左右划弧分开。（见图67）

5．落脚云掌：右腿屈收，右脚下落，脚跟着地；右掌翻转，掌心向上，左掌经腰向前划弧至右肘内侧，掌心向下。（见图68）

6．转体分掌：同前转体分掌，唯左右相反。（见图69）

【图67 蹬脚分掌】

【图68 落脚云掌】

【图69 转体分掌】

7．收脚合掌：同前收脚合掌，唯左右相反。（见图70）

8．蹬脚分掌：同前蹬脚分掌，唯左右相反。（见图71）

【图70 收脚合掌】

【图71 蹬脚分掌】

17．掩手肱捶

1．落脚掩掌：左小腿屈收，左脚落于右脚内侧；两掌掩合于头前，与头同宽，掌心向内。（见图72）

【图72 落脚掩掌】

2. 开步压掌：左脚向左开步脚跟擦地，上体右转；两掌翻转交叉相叠于小腹右侧，左掌压于右掌背上，掌心均向下。（见图73）

3. 马步分掌：上体转正，重心转于两腿之间；两掌左斜后右斜前方向分开，掌心向外。（见图74）

4. 转体合肘：重心右移，上体稍右转；两肘内合，左掌摆至体前，右掌变拳，屈臂胸前。（见图75）

【图73 开步压掌】

【图74 马步分掌】

【图75 转体合肘】

5．弓步冲拳：重心左移，上体左转，成左弓步；右拳向前发力冲打，拳心向下，左掌心贴于左腹部；眼视右拳。（见图76）

18．野马分鬃

1．转腰下捋、转腰掤臂：上体左转；右拳变掌向下划弧至胸前，掌心向下，左掌以拇指为轴，四指顺时针向下转动。重心右移，上体右转；两手向左缠绕摆动，两臂撑圆。（见图77）

2．转腰塌掌：重心左移，上体左转；两掌向左前方横列于腹前，腰腹弹性发力。（见图78）

转腰旋掌：重心右移，腰向右回转；两掌自右向左划弧至体前。

【图76 弓步冲拳】

【图77 转腰下捋、转腰掤臂】

【图78 转腰塌掌】

3. 提膝托掌：重心后移，左脚收提；左掌划一圈翻转向上，托于左膝上，右掌向下，向右上划弧横于右侧。（见图79）

4. 弓步穿靠：左脚上步，成左弓步；左掌向前穿靠，掌心向上，右掌撑至身体右方，掌心向外；眼视左掌。（见图80）

【图79 提膝托掌】

【图80 弓步穿靠】

5. 旋臂托掌：重心后移，左脚外撇，上体左转；左掌翻转，屈臂外撑，右掌下落。重心后移，右脚收提；右掌翻转向上，托于右膝上，左掌划弧横于左侧。（见图81）

【图81 旋臂托掌】

6. 弓步穿靠：右脚上步，成右弓步；右掌向前穿靠，掌心向上，左掌撑至身体左方，掌心向外；眼视右掌。（见图82）

19. 云手

1. 扣脚摆掌：重心左移，右脚内扣，上体左转；两掌微向左摆。（见图83）

2. 转体翻掌：重心右移，上体右转；右掌翻转向外，左掌向下向右划弧。（见图84）

【图82 弓步穿靠】

【图83 扣脚摆掌】

【图84 转体翻掌】

3．转体云掌、收脚翻掌：重心左移，上体左转；左掌经面前划弧云转，右掌经腹前向左划弧云转，掌心向内。

上体继续左转，右脚收回，两脚平行向前，相距10～20厘米，两掌云至左侧翻转，左掌心向外，右掌云至左肘内侧，掌心向内。（见图85）

4．转体云掌、开步翻掌：重心右移，上体右转；右掌经面前向右划弧云转，左掌经腹前向右划弧云转。（见图86）

上体继续右转，左脚向左侧开步；两掌云至身体右侧，右掌翻转向外，左掌云至右肘内侧，掌心向内。

转体云转：同前转体云转。

5．收脚翻掌：同前收脚翻掌。（见图87）

6．转体云掌：同前转体云掌。

7．开步翻掌：同前开步翻掌。

8．转体云转：同前转体云转。

【图85 转体云掌、收脚翻掌】

【图86 转体云掌、开步翻掌】

【图87 收脚翻掌】

9. 收脚翻掌：同前收脚翻掌，唯最后收并左脚时，脚尖内扣约45°落地。（见图88）

20. 独立打虎

1. 撤步穿掌：重心右移，左脚后撤，右腿屈弓；左掌翻上，向下划弧，右掌翻下，从左臂上穿出向前伸探。（见图89）

2. 转体扣脚：重心左移，上体左转，右脚内扣；两掌向左划弧。（见图90）

【图88 收脚翻掌】

【图89 撤步穿掌】

【图90 转体扣脚】

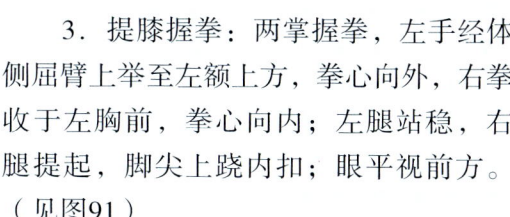

3．提膝握拳：两掌握拳，左手经体侧屈臂上举至左额上方，拳心向外，右拳收于左胸前，拳心向内；左腿站稳，右腿提起，脚尖上跷内扣；眼平视前方。（见图91）

21．右分脚

1．收脚抱掌：上体微右转，右脚内收，脚尖下垂；两拳变掌叠抱胸前，右掌在外，掌心皆向内。（见图92）

2．分脚分掌：右脚脚尖向右前方，展平踢出，高过腰部；两臂同时向左右划弧分开，掌心皆向外，两臂撑举；眼视右掌。（见图93）

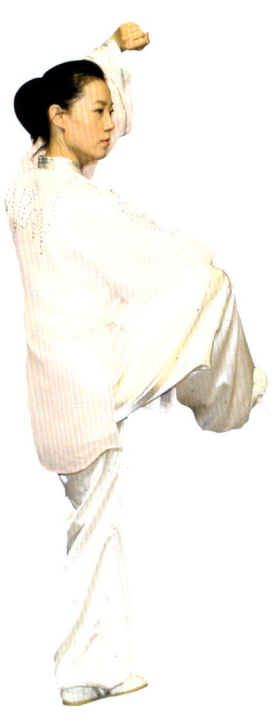

【图91 提膝握拳】

【图92 收脚抱掌】

【图93 分脚分掌】

22. 双峰贯耳

1．屈膝沉肘：右腿屈膝小腿回收，脚尖下垂；两掌平行划弧落于右膝上方。（见图94）

2．上步落拳：右脚前落，脚跟着地；两掌变拳，收于腰间。（见图95）

3．弓步双贯：重心前移，成右弓步；两拳同时划弧贯打，与头同宽，高于耳齐；眼视前方。（见图96）

【图94 屈膝沉肘】

【图95 上步落拳】

【图96 弓步双贯】

23. 左分脚

1. 转体分掌、收脚抱掌：重心后移，右脚外撇，上体右转；两拳变掌左右分开。

重心前移，左脚内收，上体微左转；两掌划弧交叉胸前，左掌在外。（见图97）

2. 分脚分掌：右腿站稳，左腿屈提，左脚尖向正前方，展平踢出，高于腰部；两掌左右划弧分开，掌心向外，两臂撑举；眼视左掌。（见图98）

【图97 转体分掌、收脚抱掌】

【图98 分脚分掌】

24. 转身拍脚

1. 落脚转身、转体抱掌：收左小腿，以右脚为轴，身体右后转，左脚尖内扣落地，两掌向腹前划弧下落。

重心左移，身体继续右后转，侧对正前方，右脚转正，脚尖点地；两掌交叉抱于胸前，右手在外。（见图99）

【图99 落脚转身、转体抱掌】

2．独立拍脚：左腿支撑，右脚踢摆，脚面展平；右掌击拍，左掌向后划弧分开；眼视右掌。（见图100）

【图100 独立拍脚】

25．进步栽捶

1．转体摆掌：右腿屈收，右脚前落，脚尖外撇，上体右转，重心前移；左掌下落至胸前，右掌下落至腰间。（见图101）

（a）　　　　　　　　　　（b）

【图101 转体摆掌】

2. 弓步栽捶：左脚上步，脚跟着地，重心前移，成右弓步；左掌向下划弧经左膝上方搂过，按于左胯旁，右掌变拳经右耳侧向前下方打出；眼视右拳。（见图102）

（a） （b）

（c） 【图102 弓步栽捶】

26. 斜飞势

1．转身分掌：重心后移，左脚外撇，上体左转；两掌左右划弧分开。（见图103）

2．收脚合掌：右脚收至左脚内侧；两掌向内外划弧交叉合抱，左臂在上。（见图104）

3．弓步分靠：右脚向右侧开步，脚跟落地，重心前移，成右弓步（横裆步），身体略右倾；两掌分开，眼视左掌。（见图105）

【图103 转身分掌】

【图104 收脚合掌】

【图105 弓步分靠】

27. 单鞭下势

1. 勾手摆掌：重心左移，上体左转，右脚跟外展；右手左摆，左手提勾。（见图106）

2. 仆步穿掌：左腿全蹲，右腿铺直，上体右转，成右仆步；右掌顺右腿内侧穿出，掌心向外；眼视右掌。（见图107）

【图106 勾手摆掌】

【图107 仆步穿掌】

28. 金鸡独立

1. 弓步挑掌：上体右转，重心前移，右脚尖外展，左脚尖内扣，左腿蹬直，右腿屈弓，成右弓步；右掌上挑，左臂下落身后，勾尖向上。（见图108）

【图108 弓步挑掌】

2．独立挑掌：重心前移，左腿提起，右腿站稳，成右独立；左掌上挑，成侧立掌，右掌下按于右胯旁；眼视左掌。（见图109）

3．独立挑掌：右腿稍屈，左脚落于右脚后方，重心后移，再上体左转，右腿屈提，脚尖下垂，左腿站稳，成左独立步；左掌下按左胯旁，右掌上挑；眼视右掌。（见图110）

29. 退步穿掌

左腿稍屈，右脚后撤，落地蹬直，左脚拧正，成左弓步；左掌经右掌上穿出，掌心向上，右掌下按，横于左肘内侧下方；眼视左掌。（见图111）

【图109 独立挑掌】

【图110 独立挑掌】

【图111 退步穿掌】

30. 虚步压掌

1. 扣脚转身：重心后移，身体稍右转，左脚内扣；右掌收至腹前，左掌上举于面前。（见图112）

2. 虚步按掌：重心左移，身体右后转，右脚脚尖点地成右虚步；左手经面前俯身横掌下压，右掌经腹下按右胯旁；眼视前下方。（见图113）

【图112 扣脚转身】

【图113 虚步按掌】

31. 独立托掌

左腿蹬地，右腿屈提，成左独立步；右掌上托，左掌侧撑；眼视右掌。（见图114）

【图114 独立托掌】

32. 马步靠

1. 落步托掌：右脚前落，重心前移，左脚收回，上体右转；右掌下捋向右上方划弧，左掌向上、向右划弧，向下变拳至腹前。（见图115）

2. 马步靠臂：上体左转，左脚向左斜前上步，成半马步；左臂前靠，右掌经面向前挤靠，附于左上臂内侧；眼视左前方。（见图116）

【图115 落步托掌】

【图116 马步靠臂】

33. 转身大捋

1. 摆脚旋掌：重心后移，左脚尖抬起；两手同时微向后带。（见图117）

【图117 摆脚旋掌】

2. 上步托掌：左脚外撇，上体左转，重心前移，右脚上步扣脚，两脚并步，伸膝抬高；左臂内旋，屈肘提至胸前，右臂外旋举于身体右侧。（见图118）

3. 弓步滚肘：右脚为轴，身体左转，左脚后撤；两掌随身，向左平捋，重心左移，右脚跟外展，右腿蹬直，成左侧弓步（横裆步）；两掌握拳，左拳收腰，右臂屈肘，滚肘压臂；眼视右拳。（见图119）

34. 歇步擒打

1. 拧臂穿拳：上体右转，重心右移，右臂内旋，右拳上撑，左拳向身体左后方穿出。（见图120）

【图118 上步托掌】

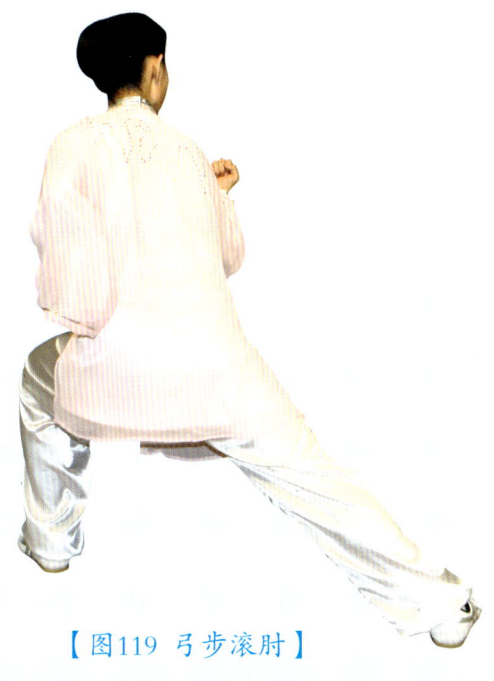

【图119 弓步滚肘】

【图120 拧臂穿拳】

2．歇步打拳：上体左转，重心前移，右脚向前盖步，两脚交叉屈蹲成歇步；左拳变掌向前划弧，然后变拳，收于腹前，右拳经腰从左前臂上向前下打出，拳心向上，眼视右拳。（见图121）

【图121 歇步打拳】

35．穿掌下势

1．收脚摆掌：上体右转，左脚收回；两拳变掌，翻掌向上摆动。（见图122）

【图122 收脚摆掌】

2. 仆步穿掌：上体右转，右腿屈蹲，左腿向左侧伸出，成左仆步；两掌向右划弧，经面前从右侧绕转下落，顺左腿内侧穿出，左前右后；眼视左掌。（见图123）

【图123 仆步穿掌】

36. 上步七星

重心前移，上体左转，左脚外撇，右脚上步，成右虚步；两掌变拳，向上架起，两拳交叉，右手在外；眼视左拳。（见图124）

37. 退步跨虎

1．转体摆掌：右脚后撤，重心后移，上体右转；同时，右拳变掌向右下划弧至右胯旁，左拳变掌稍向右划弧。（见图125）

2．转体落掌：左脚后收，落于右脚前，成左丁步；左掌收于左胯旁边，右掌向上、向左、向下划弧，落于左腿外侧。（见图126）

【图124 上步七星】

【图125 转体摆掌】

【图126 转体落掌】

3．独立挑掌：右腿直立，左腿前举微屈；右掌向前上挑起，同时左掌变勾上提；眼视左前方。（见图127）

38．转身摆莲

1．虚步摆掌、转体穿掌、摆腿拍脚：左脚下落内扣，身体右转；左勾变掌，掌心向上，向前平摆，右掌右带。两脚为轴，右后转体；左掌摆体前，右掌从左臂下穿出。（见图128）

2．提膝摆莲：重心左移，身体右转，右脚点地成右虚步；两掌翻转向右划弧置右侧。上体左转，右脚提起，脚面展平，成扇形外摆；两掌先左后右依次击拍脚面；眼视两掌。（见图129）

【图127 独立挑掌】

【图128 虚步摆掌】

【图129 提膝摆莲】

39. 弯弓射虎

1. 提膝摆掌：右腿屈膝，脚尖下垂，左腿独立；上体左转，两掌左摆。（见图130）

2. 落步按掌：右脚向右前方上步，上体右转，两掌同时向下划弧。（见图131）

3. 弓步打拳：上体左转，右腿屈膝，成右弓步；两掌向右划弧时握拳，左掌经面前向左前方打出，右拳屈肘向左前方打出至右额前；眼视左拳。（见图132）

【图130 提膝摆掌】

【图131 落步按掌】

【图132 弓步打拳】

40. 左揽雀尾

1．转体落掌：重心左移，右脚外撇，上体右转；两拳变掌，左掌前伸，右掌向下划弧至腹前。（见图133）

2．收脚抱球：重心右移，左脚收至右脚旁；左手向下，右手经腰向上划弧抱球，右上左下。（见图134）

3．弓步掤臂：左脚上步，重心前移，成左弓步；两手分开，左手前掤 右手下按。（见图135）

【图133 转体落掌】

【图134 收脚抱球】

【图135 弓步掤臂】

4. 转体塌掌：上体微左转；左掌稍前伸，右掌经腹向上划弧。（见图136）

5. 后坐回捋：上体右转，重心右移；两掌下捋至右后上方。（见图137）

【图136 转体塌掌】　　　　　【图137 后坐回捋】

6. 弓步前挤：身体左转，重心前移，成左弓步；两手相搭，向前挤出，两臂撑圆，右臂在内，左臂在外。（见图138）

（a）　　　　　　　　　　（b）

【图138 弓步前挤】

7. 翻掌前伸：右掌上穿左掌，两掌分开，掌心均向下。（见图139）

8. 后坐收掌：重心右移，身体下坐，左脚上跷；两臂屈肘，两掌划弧至腹前。（见图140）

9. 弓步推按：重心前移，成左弓步；两掌按出，与肩同宽，掌心向前；眼平视前方。（见图141）

【图139 翻掌前伸】

【图140 后坐收掌】

【图141 弓步推按】

41. 十字手

1. 转体扣脚：重心后移，上体右转，左脚内扣，右脚外展；右掌右摆，左掌分于身体左侧，两臂平举，掌心向外。（见图142）

（a）

（b）

【图142 转体扣脚】

2．收脚抱掌：重心后移，上体左转，右脚内收，与肩同宽，成开立步；两手向下、向前、向上划弧，交叉合抱胸前，右手在外，掌心向内；眼视两掌。（见图143）

（a）

（b）

【图143 收脚抱掌】

42. 收势

1. 收脚抱掌：两臂内旋翻掌，平行分开，与肩同宽，掌心向前下方，再徐徐下落于两腿外侧。（见图144）

2. 收脚并立：左脚收回，两脚并拢，身体直立；平视前方。（见图145）

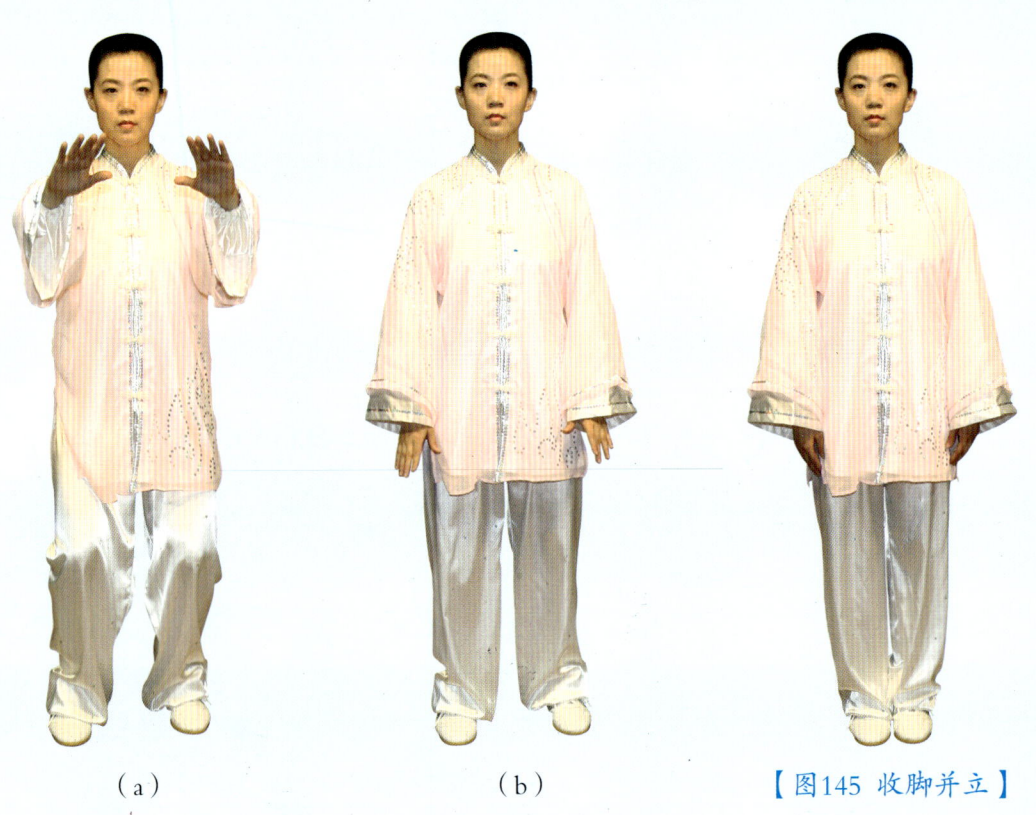

（a）　　　　　　（b）　　　　　【图145 收脚并立】

【图144 收脚抱掌】